AF383885

Sur les principaux systèmes employés
jusqu'à ce jour, pour maintenir ouverts
ou permettre de fermer les Persiennes,
Volets, etc.

Iʳᵉ PARTIE : HISTORIQUE.

2ᵐᵉ PARTIE :

Examen comparatif des Brevets.

CLEUET & WILLAIME Fʳᵉˢ

Imp. E. Le Baron, r. Chanoinesse, 14, Paris.

Iʳᵉ PARTIE:

HISTORIQUE.

Historique

des principaux systèmes employés jusqu'à ce jour, pour maintenir ouverts, ou permettre de fermer, les Persiennes, Volets, &ᶜ.

Exposé.

Les divers systèmes auxquels on a eu recours jusqu'ici pour maintenir ouverts les Persiennes, Volets, etc, tout en permettant de les fermer à volonté, peuvent être divisés en deux catégories bien distinctes, suivant que l'arrêt est produit sur le bord inférieur des battants, ou qu'il a lieu en un point quelconque de leur hauteur, soit vers le milieu.

Les premiers sont usités pour les rez-de-chaussée ou pour les volets de fenêtres munies d'appuis très-bas; les autres s'appliquent généralement dans les villes, où les appuis des fenêtres sont au contraire élevés et ne permettraient pas au bras de l'homme d'atteindre l'appareil d'arrêt, qui serait situé au bas du volet, pour le faire fonctionner.

Dans la première catégorie sont groupés: 1° les tourniquets simples, avec ou sans repos; — 2° les tourniquets doubles, avec ou sans contrepoids; — 3° les arrêts à bascule; — 4° les arrêts à chaînette. Tous ces systèmes sont cloués ou scellés dans le mur en un point correspondant au bord inférieur du volet, et comportent à eux seuls l'appareil d'arrêt complet, le volet ne portant aucun organe spécial qui participe à cet arrêt.

Dans la deuxième catégorie se rangent: 1° les arrêts à chaînette; 2° les arrêts ou verrous à ressort ou à contrepoids. —

Dans les divers systèmes de cette catégorie, tantôt le volet porte une entaille ou mortaise formant gâche pour recevoir une patte d'arrêt scellée dans le mur, tantôt, au contraire, c'est le volet qui porte un verrou et la gâche est scellée dans le mur.

Cette 2ᵉ catégorie offre donc sur la première cette différence bien tranchée, que le volet lui-même porte un organe spécial coopérant à son arrêt.

Passons en revue les divers systèmes qui composent ces deux catégories, en suivant l'ordre dans lequel l'industrie les a mis au jour, ou plutôt examinons les quelques types qui les résument tous en principe, sans tenir compte des formes et ornementations différentes pour chaque usine, et variables à l'infini.

Nous ferons ressortir les inconvénients inhérents à chaque système en particulier et les moyens successivement tentés pour y remédier.

Cet exposé historique nous conduira, dans la 2ᵉ partie de ce Mémoire, à l'examen de l'un des derniers perfectionnements apportés aux arrêts de persiennes, breveté, par Mᵣ Amand Clerc, le 10 Juillet 1868, et à sa comparaison avec l'arrêt breveté par les Frères Willaime, le 13 Novembre 1871.

Ajoutons ici que ces deux derniers systèmes rentrent dans la 3ᵉᵐᵉ partie de la 1ʳᵉ Catégorie, celle des "arrêts à bascule."

1ʳᵉ Catégorie.
1° Tourniquets simples.

(Observation: Les numéros des figures correspondent à ceux portés par les modèles fondus.)

Dans tous les systèmes dérivés de ce premier type, un piton en fer est enfoncé à force, ou scellé dans le mur, et sert d'axe de rotation à un loquet qui, lorsqu'il est abaissé, laisse la persienne libre, et, au contraire la maintient ouverte ou appuyée contre le mur, lorsqu'il est relevé.

L' arrêt primitif Fig. 1,

ne présente aucune garantie sérieuse, puisque le loquet, au bout de très peu de temps d'usage, tourne librement sur son axe; et, par conséquent, a toujours une tendance à retomber par son propre poids, et à laisser ainsi la persienne volante.

Pour parer à cet inconvénient, on a imaginé de faire porter au piton un appendice servant de butée ou de repos au loquet lorsqu'il est redressé, comme dans la fig. 2; ou bien, de se servir du piton même

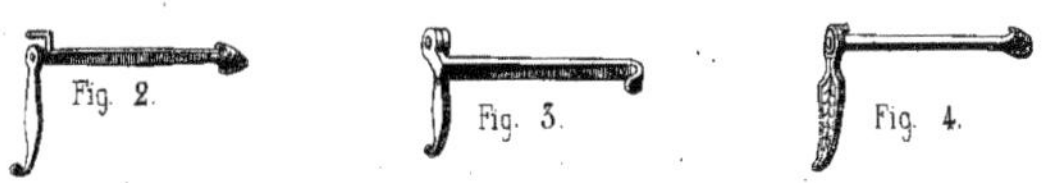

comme repos, soit en le contrecoudant, comme dans la fig. 3; soit en faisant porter un ergot à la douille du loquet, comme dans la fig. 4.

En faisant fonctionner les modèles, on verra qu'il faut faire faire au loquet presque 3/4 de tour pour qu'il occupe une position inclinée et obtenir un repos réel; de plus, le loquet prend rapidement du jeu sur son piton, ou bien la rivure se mange, et il en résulte: dans le 1er cas, un arrêt imparfait du volet, et des battements de celui-ci contre le mur lorsque le vent est un peu violent; dans le 2e cas, suppression totale de l'arrêt par la séparation complète du piton et du loquet.

2.º Tourniquets doubles.

Le tourniquet double, dit en S, figure 5

ainsi que l'indique le nom que lui a donné le commerce, est formé d'un ruban de fer contourné en double volute, percé en son milieu d'un trou rond dans lequel pénètre et est rivée l'extrémité d'un piton enfoncé ou scellé dans le mur et qui lui sert d'axe de rotation. — Lorsque l'S est horizontale, la persienne est mobile; lorsqu'elle est verticale, elle est maintenue en place et ouverte.

Cet arrêt présente tous les désavantages signalés pour les tourniquets simples ; de plus, les 2 branches de l'S étant symétriques, et par conséquent de poids sensiblement égal, s'équilibrent ; et les battements du volet, que permet le jeu du tourniquet sur son axe, produisent une trépidation qui peut amener l'S à la position horizontale, de verticale qu'elle était, pour former arrêt, et, par suite, rendre le volet libre.

Pour remédier à ce dernier défaut, on a construit le tourniquet double, Fig. 6, dit "à poire" ou "à contrepoids".

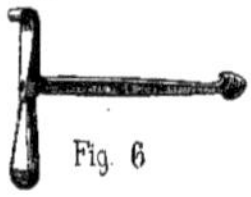

Fig. 6

Dans ce modèle, l'une des branches du tourniquet est plus lourde que l'autre, et située dans son prolongement. On assure ainsi la position verticale du tourniquet, le contrepoids maintenant toujours élevée la branche qui forme arrêt. Mais cet avantage perd sa valeur, lorsqu'on considère qu'il faut en même temps pousser le volet vers le mur pour l'ouvrir, et maintenir le tourniquet horizontal pour que le premier passe, lorsqu'on songe au peu de précautions que prennent généralement les domestiques, et aux dégâts que peut produire un choc répété de la traverse inférieure du vantail contre la branche supérieure du tourniquet, si l'on oublie de le tourner lorsqu'on ouvre le volet. D'ailleurs, les inconvénients mentionnés plus haut, dûs au jeu que prend le tourniquet sur son axe, sont les mêmes, et nous ajouterons que les chocs du volet dont nous venons de parler, tout en détériorant celui-ci, provoquent une usure plus rapide de la rivure, qui maintient le tourniquet sur le piton.

3.° Arrêts à bascule.

Parmi ces divers genres d'arrêts, nous rencontrons d'abord celui Figure 7, dit "Tête turque" ou "à contrepoids

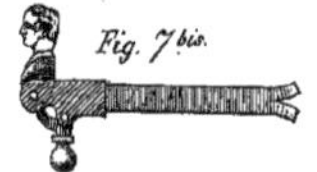

Fig. 7.

inférieur." Ici, le piton scellé, ou "pièce fixe", reçoit à son extrémité extérieure une goupille formant nœud de charnière pour une pièce mobile, dont la partie inférieure est plus lourde que le mentonnet d'arrêt ou partie supérieure. La verticalité est donc obtenue, et l'arrêt paraît devoir être assuré. Mais, d'une part, quelque peu de saillie que l'on donne au mentonnet, il faut toujours laisser, entre son rebord et le volet, le jeu nécessaire pour son développement ; de là, arrêt imparfait et battements possibles ; d'autre part, le peu de longueur de ce mentonnet fait que celui-ci échappe le vantail, si ce dernier s'est gauchi après la pose, et l'arrêt est nul ; ou bien, si on a laissé entre le dessus de l'arrêt et la branche inférieure du vantail, le moins de jeu possible, le vantail descendant sur ses pentures, ou sur ses gonds, finit par porter sur la patte scellée de l'arrêt, de là, possibilité, dans le cas d'ouverture brusque, de rompre ou d'éclater la traverse du bas du volet.

L'arrêt à bascule et à contrepoids inférieur, Fig. 7 bis,

Fig. 7 bis.

obvie à l'inconvénient signalé pour la tête turque, dû au jeu que l'on est forcé de laisser entre le vantail et la tête d'arrêt, pour le développement de cette dernière ; mais cet appareil, vu sa complication, (3 pièces et 2 articulations) revient à un prix trop élevé pour que son usage puisse se répandre.

_____ Vient

Vient ensuite l'arrêt dit "à marteau", Fig. 8. —

Celui-ci est sans contrepoids, ou à bascule simple. — On voit, par l'inspection du modèle, que le dernier inconvénient signalé pour l'arrêt "tête turque", existe ici pour les mêmes raisons, et, d'autre part, pour peu qu'il y ait du jeu entre la patte à scellement et le bord inférieur du volet, le bras de levier de ce dernier par rapport au centre de rotation du marteau, sera suffisant pour faire basculer celui-ci, et, par suite, pour supprimer l'arrêt.

Nous arrivons enfin, comme derniers types produits, aux arrêts système Cleuet, et aux arrêts système Willaime frères.

Le système Cleuet, Figures C^1, C^2, C^3,

se compose de deux parties : l'une fixe, à scellement ou à pointe, l'autre mobile, formant arrêt lorsqu'elle est située au-dessus de la pièce fixe (fig. C^1), ou laissant le vantail libre si on l'abaisse. — La pièce mobile peut glisser verticalement entre deux joues que porte la pièce fixe, et sa course est guidée et limitée par une rainure qu'elle porte, dans laquelle est engagée une goupille traversant les joues de la pièce fixe. Deux ergots situés un de chaque côté de la pièce mobile, s'engagent de plus dans une encoche correspondante faite sur le dessus de la pièce fixe. Ces encoches, mentionnées et revendiquées dans la demande de Brevet, sont facultatives, la pièce mobile pouvant être maintenue verticale par l'action seule du tenon à rainure contre le fond de l'enfourchement qui le reçoit dans la pièce fixe (fig. C^2 C^3)

Pour ouvrir le vantail, on soulève la pièce mobile (dans les deux cas fig.ˢ $C^1 C^2 C^3$) jusqu'à ce que la goupille fixe occupe le fond inférieur de la rainure ; on peut alors faire basculer la tête et le vantail peut passer au-dessus de la partie scellée.

Ce système offre l'avantage de produire un arrêt certain, s'appliquant aussi prês que possible du vantail, c'est-à-dire sans jeu nécessaire pour son fonctionnement, puisque, lorsque la tête est élevée, sa course, pour produire l'arrêt, est verticale, et peut être effectuée le long du volet même. Son exécution est, de plus, facile et économique.

—— Le système **Willaume** frères, fig. W^1 se compose, comme le précédent, de deux pièces, l'une fixe, l'autre mobile ; l'arrêt est également produit par l'opposition de deux saillies formant ergot et encoche ; enfin, une coulisse verticale et une goupille permettent, en élevant la pièce

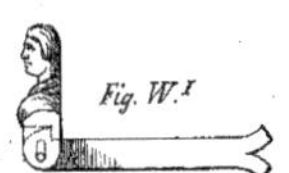

mobile, de dégager l'ergot et de rabattre la tête pour rendre le vantail libre.

Nous examinerons, d'ailleurs, en détail, dans la 2ème partie de ce Mémoire, les points communs ou différents de ces deux systèmes.

4.° Arrêts à chaînette.

Dans ce système, figure 9,

une patte scellée dans le mur est percée d'un trou qui affleure la face extérieure de la persienne lorsqu'elle est ouverte, et dans lequel on introduit, pour servir d'arrêt, une clavette réunie à la patte scellée, par une chaînette. — Cette disposition présenterait des avantages par sa simplicité, si son emploi, longtemps répandu, n'en avait démontré les côtés défectueux : la chaînette s'use, se casse et la clavette se perd, partant plus d'arrêt, si l'on ne remplace tout ou partie de l'appareil.

2ᵐᵉ Catégorie.

1ᵒ Arrêts à chaînette.

En attachant la Chaînette au volet même, au lieu de la faire porter par la palte scellée, comme dans le cas précédent, et en faisant pénétrer cette palte dans une ouverture pratiquée à une hauteur correspondante dans l'épaisseur du volet, on obtient un arrêt semblable à celui produit par l'appareil fig. 9, avec les inconvénients qu'il comporte.[1]

2ᵒ Arrêts ou Verrous à ressorts.

Dans ce type sont compris l'arrêt dit "à pompe", fig. 10,

Fig.10.

fonctionnant par un ressort à boudin; l'arrêt "à paillette" fig. 11,

Fig.11.

actionné par un ressort plat, et l'arrêt "à anneau" ou "à contrepoids", fig. 12.

Fig.12.

Sauf les dispositions de ressorts et de contrepoids qui concourent toutes au même résultat, les cliquets ou verrous sont portés par les volets, et lorsqu'on ouvre ceux-ci, les verrous s'enclanchent dans une gâche scellée dans le mûr et produisent l'arrêt. Pour les déclancher, au moyen des anneaux ou poignées extérieurs, on fait céder les ressorts, (ou l'on soulève le verrou qui forme contrepoids, fig. 12) et les volets sont rendus libres.

Ces trois types présentent le même défaut capital: par suite du tassement des maisons, du gauchissement des vantaux, de leur descente sur leurs gonds, ou de l'usure de ces derniers, les verrous n'atteignent pas la gâche ou se présentent au-dessous d'elle, et frappent et dégradent le mûr au lieu de s'enclancher; de là, suppression de l'arrêt; de plus, dans les arrêts à ressorts, ceux-ci exposés continuellement à l'air et à l'humidité, s'oxident, perdent leur bande, et cessent de fonctionner, ou se brisent.

---

(1) De plus, par suite des tassements, il arrive souvent que la palte scellée ne se présente plus en face du trou du volet et butte contre ce dernier.

2me PARTIE:

EXAMEN COMPARATIF DES BREVETS.

CLEUET & WILLAIME F^{res}

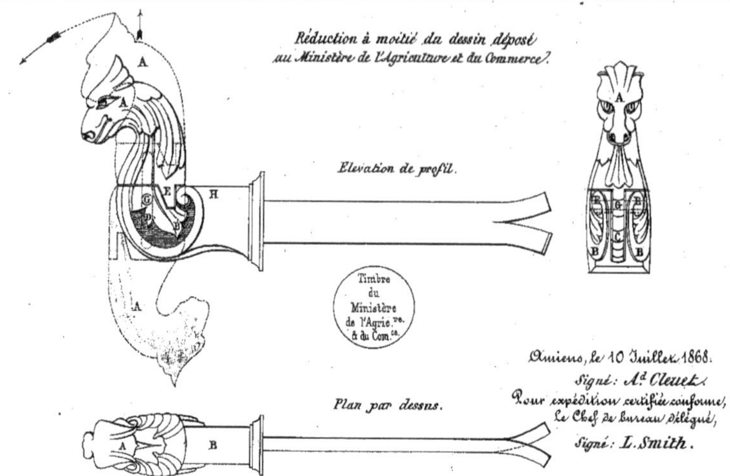

COPIE TEXTUELLE DU MÉMOIRE

DÉPOSÉ AU MINISTÈRE DE L'AGRICULTURE ET DU COMMERCE

MÉMOIRE A L'APPUI DE LA DEMANDE. — EXPOSÉ DE L'OBJET DE LA DEMANDE. — Les divers arrêts usités jusqu'à ce jour, pour le maintien en place des vanteaux ouverts, de persiennes, volets, etc., etc., sont tous plus ou moins défectueux. — Aux arrêts primitifs à broche et chainette, ou à tourniquet, a été substitué l'arrêt à bascule à contrepoids inférieur, qui paraît jusqu'ici remplir le mieux les conditions voulues, et cependant bien des constructeurs en rejettent l'emploi ; le peu de longueur de la partie engagée, formant mentonnet d'arrêt, fait que, dans la plupart des cas, s'il y a eu après la pose, gauchissement du vantail, celui-ci échappe le mentonnet et n'est nullement retenu. — Pour parer à cet inconvénient on est dans l'usage de laisser, entre le dessus de l'arrêt et la tranche inférieure du vantail, le moins de jeu possible. Il en résulte forcément ceci : le vantail descendant sur ses pentures, ou sur ses gonds, finit par porter : de là, possibilité, dans le cas d'une ouverture brusque, de rompre ou d'éclater la traverse du bas du vantail.

Frappé des divers inconvénients résultant de l'emploi des arrêts actuels, nous nous sommes proposé d'en établir un dans de nouvelles conditions, et remplissant parfaitement le but proposé ; nous y sommes arrivé au moyen d'une combinaison qui nous est particulière, et que nous allons développer ci-dessous :

LÉGENDE DESCRIPTIVE. — Notre nouvel arrêt se compose des deux pièces A et B (voir le dessin joint au mémoire) ; l'une A, munie d'ergots E. E', portant un tenon C, percé d'un œil D, allongé, ayant la forme d'un rectangle accolé de deux demi-cercles ; l'autre B, à enfourchement, dans lequel s'engage le tenon C, est traversée par une goupille G cylindrique, passant dans l'œil D de la pièce ; la pièce B pouvant être à pointe, à scellement, ou montée sur platine, selon l'occurrence.

LÉGENDE EXPLICATIVE. — L'arrêt mis en place, si on veut arrêter un vantail ouvert, il suffit de soulever verticalement la pièce A, de façon à lui faire occuper la position indiquée en bleu au dessin ; dans cette action, l'ergot E, se trouve dégagé de son encoche, et la partie inférieure de l'œil est occupée par la goupille G ; si on laisse se rabattre en basculant la pièce A, elle viendra occuper la position figurée en rouge ; le vantail pourra ensuite être ramené au-dessus de H ; si alors on relève la pièce A dans sa position primitive, elle arrêtera complètement le vantail, dont la poussée sera contrebuttée par l'action du tenon C contre le fond de l'enfourchement, et par celle des ergots E E', contre les faces verticales de leurs encoches. — Les résultats pratiques obtenus par l'application d'essais faits en notre particulier, de nos arrêts, la facilité de leur exécution, la modicité de leur prix, la possibilité d'en varier la forme extérieure, suivant les règles du goût et de l'art, tout en conservant le principe de la combinaison, sont autant de raisons qui nous ont engagé à faire connaître notre Invention, en nous réservant toutefois son exploitation commerciale et industrielle.

En conséquence, nous revendiquons le privilége exclusif de notre Invention, et nous demandons qu'il nous soit délivré, conformément à la loi, un Brevet d'Invention d'une durée de QUINZE ANS, pour un nouveau système d'**Arrêts à bascule**.

Amiens, le 10 juillet 1868.

Signé : A⁴ CLEUET.

Pour expédition certifiée conforme :

Le Chef de bureau délégué,

SIGNÉ : L. SMITH.

TIMBRE
du Ministère de
l'Agriculture
et du
Commerce

ANALYSE DES PRINCIPES DU BREVET

CLEUET

(1) 2 pièces : (une fixe, une mobile).

(2) Ergots.

(3) Pièce mobile portant tenon (ou branche mâle de charnière).

(4) OEil allongé (ou coulisse verticale).

(5) Pièce fixe à enfourchement (ou branche femelle de charnière).

(6) Goupille (ou axe).

(7) Scellement de la pièce fixe.

(8) Soulèvement vertical de la pièce mobile pour ouvrir l'arrêt.

(9) Dégagement de l'ergot de son encoche.

(10) Encoche.

(11) Basculement (ou renversement) de la pièce mobile.

(12) L'arrêt étant ouvert, la pièce mobile est abaissée (ou en contre-bas de la partie fixe).

(13) L'arrêt étant fermé, la pièce mobile est relevée (ou en contre-haut de la partie fixe).

(14) 2ᵉ partie du Brevet :
Arrêt fourni par le fond de l'enfourchement.

BREVET N° 93,075, pris le 13 Novembre 1871, par WILLAIME Frères, pour
un ARRÊT DE PERSIENNE

Réduction à moitié du dessin déposé
au Ministère de l'Agriculture et du Commerce.

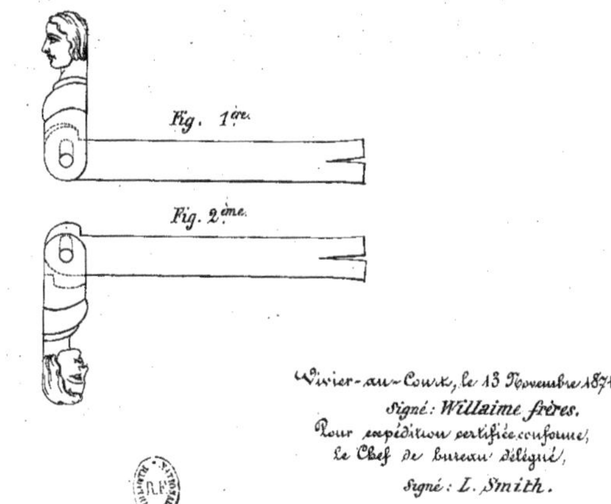

Vivier-au-Court, le 13 Novembre 1871.
Signé : Willaime frères.
Pour expédition certifiée conforme,
Le Chef de bureau délégué,
Signé : L. Smith.

ANALYSE DES PRINCIPES DU BREVET	COPIE TEXTUELLE DU MÉMOIRE
WILLAIME Frères	DÉPOSÉ AU MINISTÈRE DE L'AGRICULTURE ET DU COMMERCE

ANALYSE DES PRINCIPES DU BREVET — WILLAIME Frères

(1) 2 pièces : une fixe, une mobile.

(2) Saillie mâle (ou ergot).

(3) Pièce fixe formant branche mâle de charnière (ou portant tenon).

(4) Coulisse verticale (ou œil allongé).

(5) Pièce mobile formant branche femelle de charnière (ou à enfourchement).

(6) Goupille ou axe.

(7) Scellement de la pièce fixe.

(8) Soulèvement vertical de la pièce mobile pour ouvrir l'arrêt.

(9) Elévation d'une saillie au-dessus de l'autre, (ou dégagement de l'ergot de son encoche).

(10) Saillie femelle (ou encoche).

(11) Renversement (ou basculement) de la pièce mobile.

(12) L'arrêt étant ouvert, la pièce mobile est en contre-bas de la partie fixe (ou abaissée).

(13) L'arrêt étant fermé, la pièce mobile est en contre-haut de la partie fixe, (ou relevée).

(14) 2e partie du Brevet : Coulisse et goupille inversement placées.

COPIE TEXTUELLE DU MÉMOIRE DÉPOSÉ AU MINISTÈRE DE L'AGRICULTURE ET DU COMMERCE

(1) **MÉMOIRE DESCRIPTIF.** — Ce genre d'arrêt (voir le dessin ci-joint) se compose d'une partie fixe et d'une partie mobile. La partie fixe est formée d'une lame de fer qui se pose horizontalement et de champ dans le mur, contre lequel vient s'appuyer le battant de la persienne lorsque celle-ci est complètement ouverte. Elle se place au-dessous du battant de façon à araser son bord inférieur. L'extrémité de la lame de fer qui entre dans le mur, (7)(10) forme une patte à scellement. L'autre extrémité est arrondie, et forme une légère saillie (4) sur la face supérieure de la lame de fer. Elle est percée d'une coulisse verticale. La partie mobile est articulée avec la partie fixe, de façon à pouvoir se trouver en contre-haut ou en contre-bas de celle-ci. Dans la fig. 1re, qui représente l'arrêt fermé, la partie mobile est en (13) contre-haut de la partie fixe. Dans la fig. 2e, qui représente l'arrêt ouvert, elle est en (12) contre-bas.

(5) La partie mobile forme la branche femelle d'une charnière dont la partie fixe forme la (3)(6) branche mâle. La partie mobile est munie d'une goupille ou axe qui fait corps avec elle, et qui peut se mouvoir de haut en bas dans la coulisse verticale de la partie fixe. Lorsque la goupille est descendue au bas de la coulisse, comme le représente la fig. 1re, la partie (2) mobile est retenue dans cette position par l'opposition d'une saillie laissée dans l'évide- (10) ment pratiqué dans la partie mobile avec la saillie laissée à la partie supérieure de l'extré- mité de la partie fixe. De cette façon, l'arrêt maintient le battant de la persienne appliqué contre le mur. Pour rendre le battant libre et ouvrir l'arrêt, il faut soulever verticalement (8) la partie mobile, de façon que sa goupille atteigne le haut de la coulisse de la partie fixe ; (9) la saillie de la partie mobile s'élève au-dessus de la saillie de la partie fixe, et la partie (11) mobile peut alors tourner autour de la goupille, et se renverser en avant, pour retomber dans la position indiquée par la fig. 2e, la goupille à la partie inférieure de la coulisse. L'arrêt est alors ouvert, et le battant peut librement passer par dessus.

(14) On comprend qu'on pourrait placer la coulisse dans la partie mobile et la goupille dans la partie fixe ; seulement la goupille devrait occuper le haut de la coulisse dans les posi- tions indiquées fig. 1 et 2.

Ce genre d'arrêt peut se fabriquer en fer, en fonte, en cuivre ou en tout autre métal ou alliage. Il s'appliquera aux persiennes, volets d'appartements, etc.; son mouvement est simple, et sa construction solide. — En résumé, l'Invention comprend en principe :

(1) Un système d'arrêt de persienne formé d'une partie fixe et d'une partie mobile qui se maintient au-dessus, ou se rabat au-dessous de la partie fixe, suivant qu'on veut main- tenir la persienne contre le mur ou permettre son mouvement. — La position respective (2)(10) de deux saillies existant l'une à la partie fixe, et l'autre à la partie mobile, et l'articulation (4)(5) de la partie mobile à la partie fixe à l'aide d'une coulisse verticale, et d'une goupille for- mant axe de rotation, permettant d'obtenir avec facilité l'ouverture et la fermeture de l'arrêt. Nous nous réservons la faculté de modifier les détails de construction, les formes et dimensions des différentes parties, ainsi que la nature du métal employé à leur fabri- cation, suivant la solidité ou l'élégance à obtenir.

Viviers-au-Court, le 13 novembre 1871.

Signé. WILLAIME Frères.

Pour expédition certifiée conforme

Le Chef de bureau délégué

SIGNÉ : L. SMITH.

ARRÊT CLEUET

MODÈLE N°1. C

Détail des pièces qui le composant

Fig. 2.

Fig. 1.

Fig. 3.

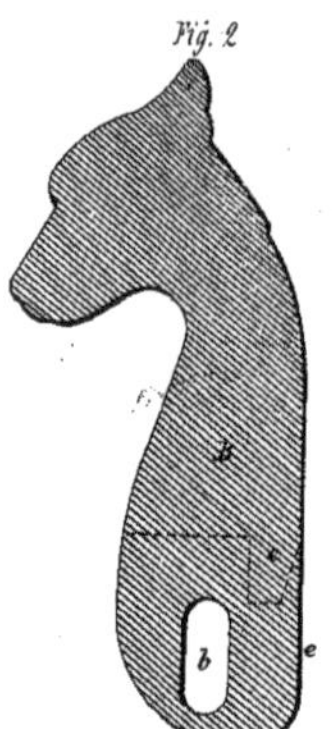

Fig. 5.

Fig. 4.

Fig. 6.

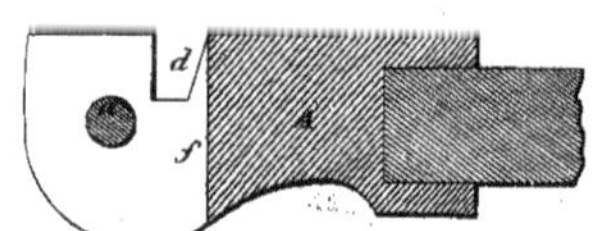

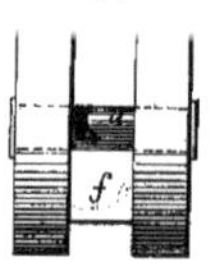

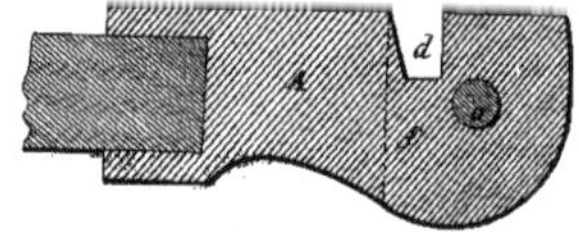

Échelle grand⁺ d'exéc.

LÉGENDE

Fig. 1. Vue de face de la tête, ou pièce mobile.
Fig. 2. Coupe transversale par le milieu de la tête.
Fig. 3. Coupe   —   de la tête, passant par un ergot.
Fig. 4. Vue de face de la pièce fixe scellée dans le mur.
Fig. 5. Coupe transversale par le milieu de la pièce fixe.
Fig. 6. Coupe   —   de la pièce fixe, passant par une encoche.

A. Pièce fixe.
B. Pièce mobile.
a. Goupille d'articulation portée par la pièce fixe.
b. Rainure verticale portée par la pièce mobile.
c. Ergots portés par la pièce mobile.
d. Encoches portées par la pièce fixe.
e. Tenon porté par la pièce mobile et formant branche mâle de charnière.
f. Enfourchement porté par la pièce fixe et formant branche femelle de charnière.

ARRÊT WILLAIME FRÈRES

Détail des pièces qui le composent

MODÈLE N.º 1.W

Suivant la 1ª partie de leur brevet

Fig. 2   Fig. 1

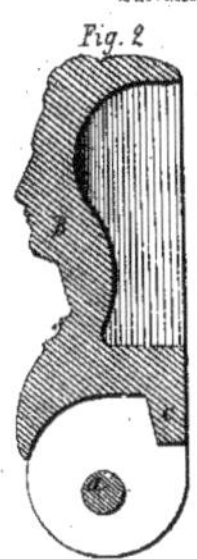

Fig. 4   Fig. 3

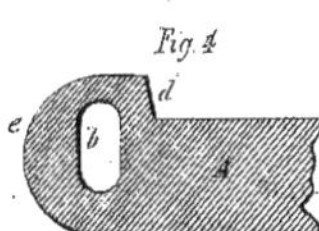

MODÈLE N.º 2.W

Suivant la 2ª partie de leur brevet

Fig. 2 bis   Fig. 1 bis

Fig. 4 bis   Fig. 3 bis

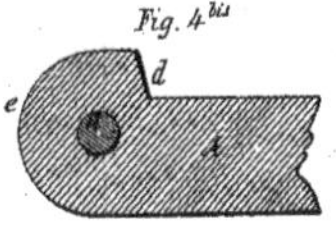

Échelle grand.º d'exéc.ⁿ

LÉGENDE

Fig. 1. Vue de face de la tête, ou pièce mobile.
Fig. 2. Coupe transversale de la tête, passant par son milieu, ou par l'ergot.
Fig. 3. Vue de face de la pièce fixe scellée dans le mur.
Fig. 4. Coupe transversale de la pièce fixe, passant par son milieu, ou par l'encoche

A. Pièce fixe.
B. Pièce mobile.
a. Goupille d'articulation portée par la pièce mobile.
b. Rainure verticale portée par la pièce fixe.
c. Ergot porté par la pièce mobile
d. Encoche portée par la pièce fixe
e. Tenon porté par la pièce fixe et formant branche mâle de charnière.
f. Enfourchement porté par la pièce mobile et formant branche femelle de charnière.

LÉGENDE

Voir ci-contre
Idem.
Idem.

Idem.

A. Voir ci-contre
B. Idem.
a. Goupille d'articulation portée par la pièce fixe.
b. Rainures verticales portées par la pièce mobile.
c. Voir ci-contre
d. Idem.
e. Idem.
f. Idem.

ARRÊT CLEUET *(Fermé)*

MODÈLE N° 1. C.

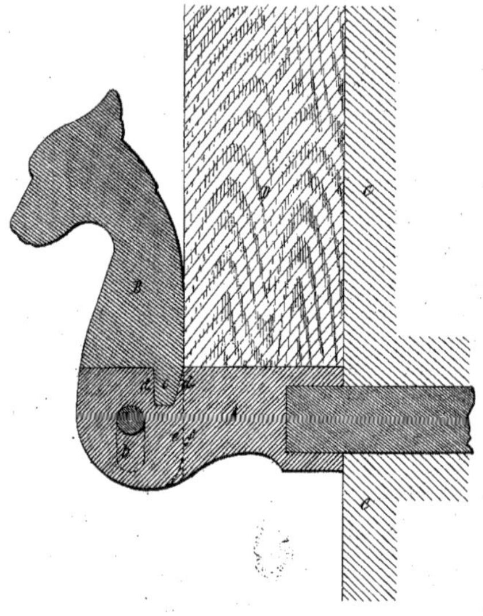

Échelle·grand.ᵉ d'exéc.ⁿ

LEGENDE

A. Pièce fixe.
B. Pièce mobile.
C. Mur.
D. Volet.
a. Goupille d'articulation portée par la pièce fixe.
b. Rainure verticale portée par la pièce mobile.
c. Ergots portés par la pièce mobile.
d. Encoches portées par la pièce fixe.
e. Tenon porté par la pièce mobile et formant branche mâle de charnière.
f. Enfourchement porté par la pièce fixe et formant branche femelle de charnière.

Extrait du Mémoire joint au Brevet :

« ....; si alors on relève la pièce (*B*), dans sa position primitive, (1) elle arrêtera complètement le vantail (*D*), dont la poussée
» sera contrebuttée par l'action du tenon contre le fond de l'enfourchement, et par celle des ergots (*c*) contres les faces verticales de leurs
» encoches (*d*). »

(1) *Voir la fig. ci-dessus, conforme à la position indiquée en noir au Brevet.*

OBSERVATION : *Le dessin ci-dessus représente l'arrêt formé par la réunion des deux principes indiqués au Brevet, ce qui présente une double
sécurité ; on verra Pl. 11 et 12 l'arrêt formé soit par ergots seuls, soit par la buttée du tenon contre le fond de l'enfourchement, sans le con-
cours d'ergots.*

ARRÊT WILLAIME FRÈRES *(Fermé)*

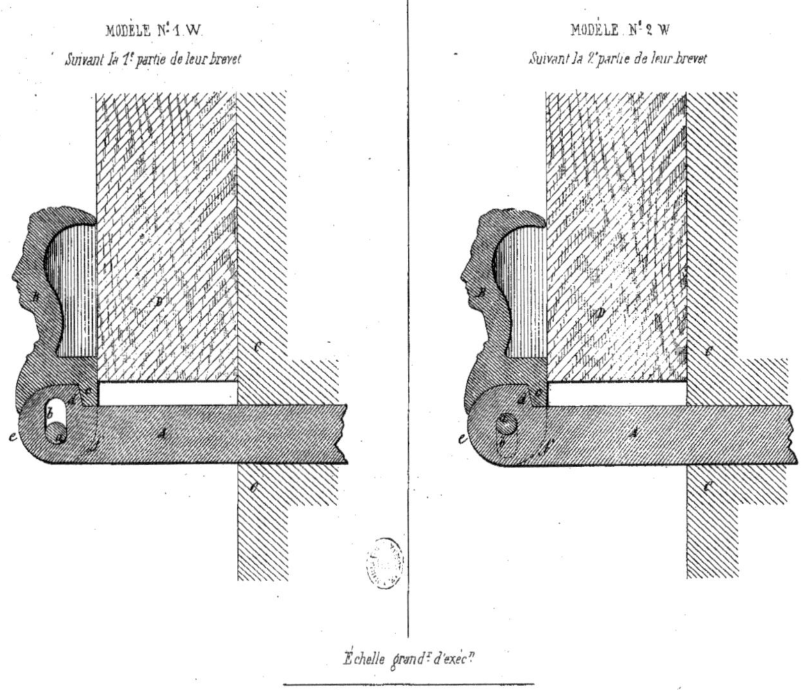

LEGENDE

A. Pièce fixe.
B. Pièce mobile.
C. Mur.
D. Volet.
a. Goupille d'articulation portée par la pièce mobile (modèle n° 1 W), ou par la pièce fixe (modèle n° 2 W).
b. Rainure verticale portée par la partie fixe (modèle n° 1 W), ou par la pièce mobile (modèle n° 2 W).
c. Ergot porté par la pièce mobile.
d. Encoche portée par la pièce fixe.
e. Tenon porté par la pièce fixe, et formant branche mâle de charnière.
f. Enfourchement porté par la pièce mobile, et formant branche femelle de charnière.

Extrait du Mémoire joint au Brevet :

« .... Dans la fig 1ʳᵉ (1), qui représente l'arrêt fermé, la partie mobile est en contre-haut de la partie fixe. » ......
» ...., la partie mobile est retenue dans cette position par l'opposition d'une saillie (c) laissée dans l'évidement pratiqué dans la partie
» mobile, avec la saillie (d) laissée à la partie supérieure de l'extrémité de la partie fixe. »

1) Voir les figures ci-dessus tirées des modèles et conformes à la position indiquée au Brevet

ARRÊT CLEUET

MODÈLE N: 1. C

1ᵉʳ mouvement à effectuer pour rendre le volet libre

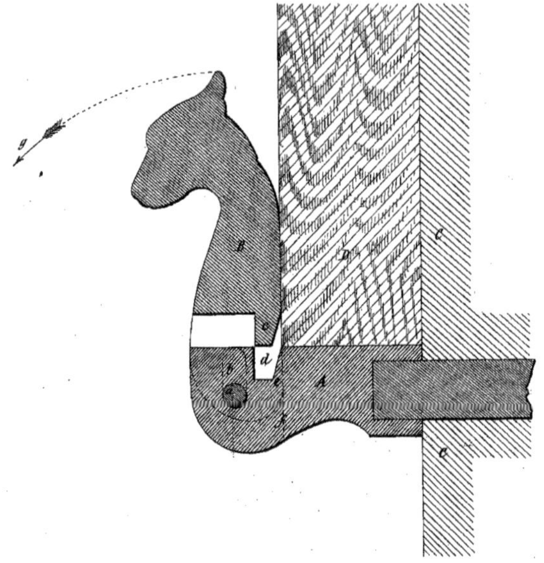

Échelle grandᵗ d'exécᵗ

LÉGENDE

A. Pièce fixe.
B. Pièce mobile.
C. Mur.
D. Volet.
a. Goupille d'articulation portée par la pièce fixe.
b. Rainure verticale portée par la pièce mobile.
c. Ergots portés par la pièce mobile.
d. Encoches portees par la pièce fixe.
e. Tenon porté par la pièce mobile et formant branche mâle de charnière.
f. Enfourchement porté par la pièce fixe et formant branche femelle de charnière.
g. Flèche indiquant le mouvement de rotation que l'on peut donner à la tête, une fois élevée.

Extrait du Mémoire joint au Brevet :

» ......, il suffit de soulever verticalement la pièce (B), de façon à lui faire occuper la position indiquée en bleu au dessin (1); dans cette
» action, l'ergot (c) se trouve dégagé de son encoche (d), et la partie inférieure de l'œil (b) est occupée par la goupille (a) ; si on laisse se
» rabattre en basculant la pièce (B), (2) elle viendra occuper la position figurée en rouge. » (3)

(1) Voir la fig. ci-dessus, conforme au tracé bleu du Brevet.
(2) Suivant la flèche g.
(3) Voir la pl. 9, conforme au tracé rouge du Brevet.

ARRÊT WILLAIME FRÈRES

1ᵉʳ mouvement à effectuer pour rendre le volet libre

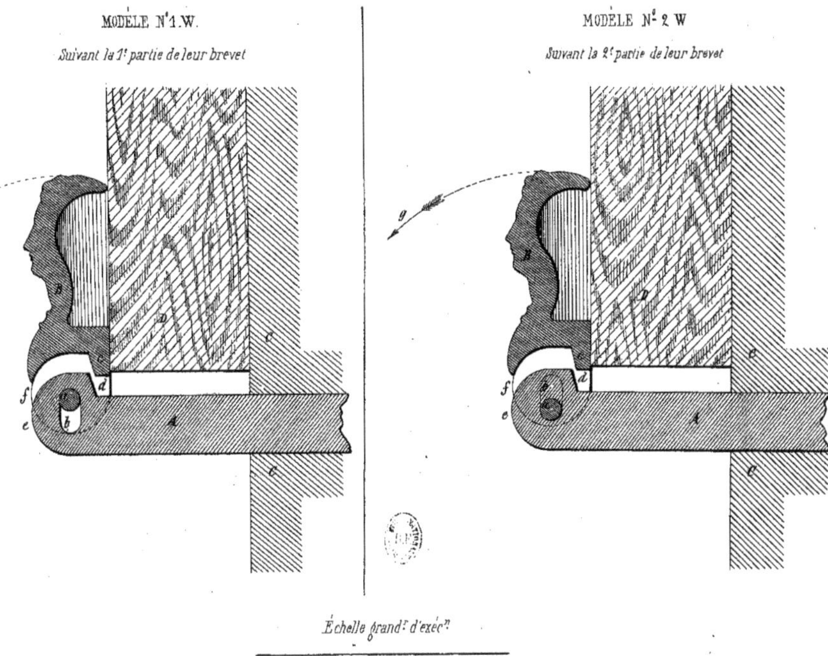

LEGENDE

A. Pièce fixe.
B. Pièce mobile.
C. Mur.
D. Volet.
a. Goupille d'articulation portée par la pièce mobile (modèle n° 1 W), ou par la pièce fixe (modèle n° 2 W).
b. Rainure verticale portée par la partie fixe (modèle n° 1 W), ou par la pièce mobile (modèle n° 2 W).
c. Ergot porté par la pièce mobile.
d. Encoche portée par la pièce fixe.
e. Tenon porté par la pièce fixe, et formant branche mâle de charnière.
f. Enfourchement porté par la pièce mobile, et formant branche femelle de charnière.
g. Flèche indiquant le mouvement de rotation que l'on peut donner à la tête, une fois élevée.

Extrait du Mémoire joint au Brevet :

» ...... il faut soulever verticalement la partie mobile (*B*) de façon que sa goupille (*a*) atteigne le haut de la coulisse (*b*) de la partie
» fixe (1) ; la saillie (*c*) de la partie mobile s'élève au-dessus de la saillie (*d*) de la partie fixe, et la partie mobile (*B*) peut alors tourner
» autour de la goupille (*a*), et se renverser en avant (2) pour retomber dans la position indiquée dans la fig. 2ᵉ (3).

(1) Suivant la 2ᵉ partie du Brevet (modèle n° 2 W), la partie inférieure de l'œil (*b*) est occupée par la goupille (*a*)
(2) Suivant la flèche *g*.
(3) Voir la *pl.* 10, conforme à la fig. 2ᵉ du Brevet.

ARRÊT CLEUET

MODÈLE N.º 1.C.

Position de la pièce mobile, le volet étant libre

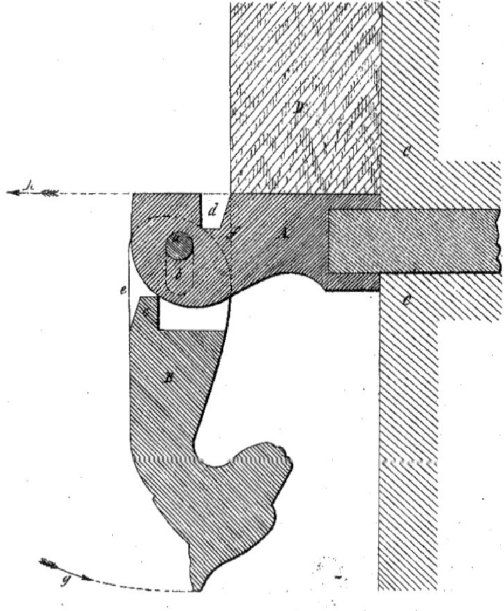

Échelle grand.ᵉ d'exéc.ⁿ

LEGENDE

A. Pièce fixe.
B. Pièce mobile.
C. Mur.
D. Volet.
a. Goupille d'articulation portée par la pièce fixe.
b. Rainure verticale portée par la pièce mobile.
c. Ergots portés par la pièce mobile.
d. Encoches portées par la pièce fixe.
e. Tenon porté par la pièce mobile et formant branche mâle de charnière.
f. Enfourchement porté par la pièce fixe et formant branche femelle de charnière.
g. Flèche indiquant le mouvement de rotation que l'on peut donner à la tête, une fois élevée.
h. Flèche indiquant le passage du volet (*D*) par dessus l'arrêt ouvert.

Extrait du Mémoire joint au Brevet :

« ...... ; si on laisse se rabattre en basculant la pièce (*B*) (1), elle viendra occuper la position figurée en rouge (2) ; le vantail (*D*) pourra
« ensuite être ramené au-dessus de (*A*). » (3)

(1) Suivant la flèche *g*.
(2) Voir la *fig.* ci-dessus, conforme au tracé rouge du Brevet.
(3) Suivant la flèche *h*.

OBSERVATION : *La pièce fixe ne portant aucune saillie peut arraser le dessus du battant, et, par suite, peut soulager les gonds de ce dernier.*

ARRÊT WILLAIME FRERES

Position de la pièce mobile, le volet étant libre

MODÈLE N.º 1.W.

Suivant la 1.ª partie de leur brevet

MODÈLE N.º 2.W.

Suivant la 2.ª partie de leur brevet

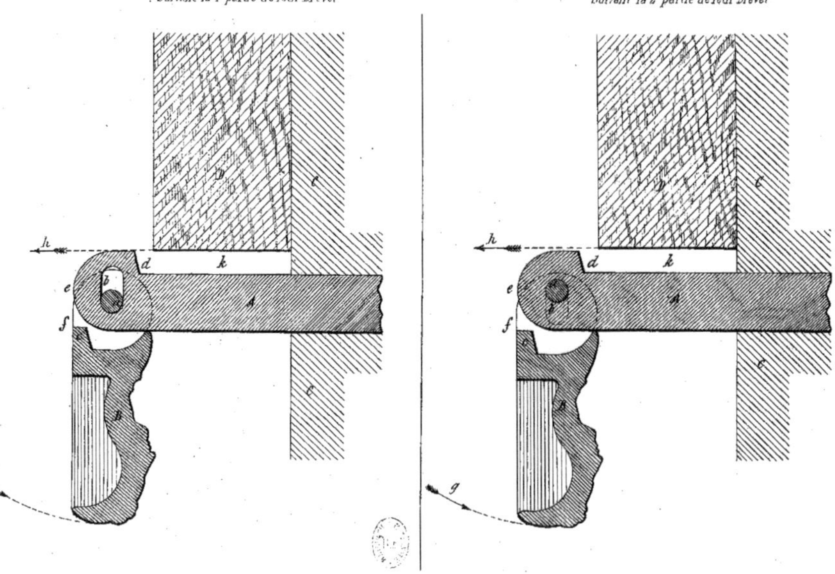

Échelle grand.ʳ d'exéc.ⁿ

LEGENDE

A. Pièce fixe.

B. Pièce mobile.

C. Mur.

D. Volet.

a. Goupille d'articulation portée par la pièce mobile (modèle n° 1 W), ou par la pièce fixe (modèle n° 2 W).

b. Rainure verticale portée par la partie fixe (modèle n° 1 W), ou par la pièce mobile (modèle n° 2 W).

c. Ergot porté par la pièce mobile.

d. Encoche portée par la pièce fixe.

e. Tenon porté par la pièce fixe, et formant branche mâle de charnière.

f. Enfourchement porté par la pièce mobile, et formant branche femelle de charnière.

g. Flèche indiquant le mouvement de rotation que l'on peut donner à la tête, une fois élevée.

h. Flèche indiquant le passage du volet (*D*) par dessus l'arrêt ouvert.

Extrait du Mémoire joint au Brevet :

» ....., la partie mobile (*B*) peut alors tourner autour de la goupille (*a*), et se renverser en avant (1), pour retomber dans la position
» indiquée par la *fig.* 2ᵉ (2), la goupille à la partie inférieure de la coulisse (3). L'arrêt est alors ouvert, et le battant (*D*) peut librement
» passer par dessus. » (4)

(1) Suivant la flèche *g*.
(2) Voir la *fig* ci-dessus, conforme à la *fig.* 2ᵉ du Brevet.
(3) Ou *vice versâ*, suivant la 2ᵉ partie du Brevet (modèle n° 2 W).
(4) Suivant la flèche *h*.

OBSERVATION : *La pièce fixe ne peut être placée « au-dessous du battant, de façon à arraser son bord inférieur, » ainsi qu'il est dit au mémoire officiel, l'encoche (d) exigeant un certain jeu (k) entre la pièce fixe et le battant, pour permettre le mouvement de ce dernier.*

ARRÊT CLEUET

MODÈLE N° 2. C

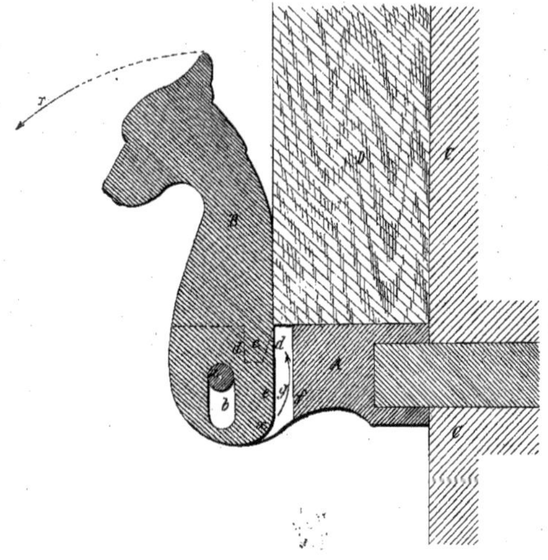

Échelle grandᵉ d'exécᵗⁿ

LEGENDE

A. Pièce fixe.
B. Pièce mobile.
C. Mur.
D. Volet.
a. Goupille d'articulation portée par la pièce fixe.
b. Rainure verticale portée par la pièce mobile.
c. Ergots portés par la pièce mobile.
d. Encoches portées par la pièce fixe.
e. Tenon porté par la pièce mobile et formant branche mâle de charnière.
f. Enfourchement porté par la pièce fixe et formant branche femelle de charnière.

DESCRIPTION :

Dans le modèle représenté ci-dessus, le **premier principe** indiqué au Brevet « l'**Ergot**, » est **appliqué seul**.

Sans son emploi, l'arrêt du vantail ne saurait être produit : en effet, la pièce mobile (*B*) pourrait tourner autour de la goupille (*a*), suivant la flèche (*r*), puisque le point (*x*), le plus excentré du tenon (*e*), peut produire le même mouvement, suivant la flèche (*g*), sans être arrêté par le fond (*f*) de l'enfourchement ; ce dernier se trouve en effet suffisamment éloigné de l'articulation (*a*), pour permettre ce mouvement.

ARRÊT CLEUET

MODÈLE N° 3. C

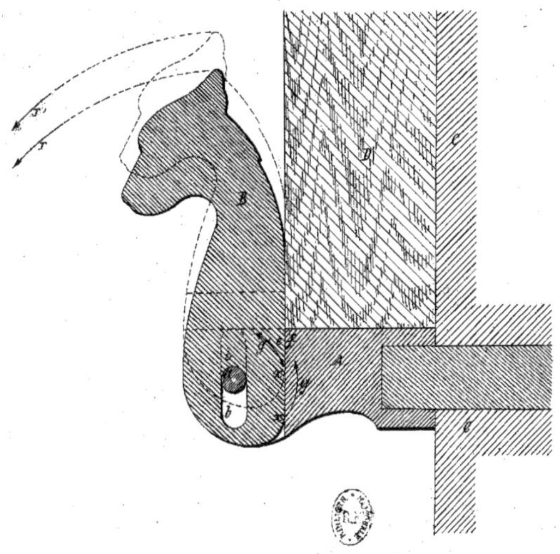

Échelle grand.^{T} d'exéc.^{n}

LÉGENDE

A. Pièce fixe.
B. Pièce mobile.
C. Mur.
D. Volet.
a. Goupille d'articulation portée par la pièce fixe
b. Rainure verticale portée par la pièce mobile
e. Tenon porté par la pièce mobile et formant branche mâle de charnière.
f. Enfourchement porté par la pièce fixe et formant branche femelle de charnière.

DESCRIPTION :

Dans le modèle représenté ci-dessus, le **second principe** indiqué au Brevet « **la buttée du tenon contre le fond de l'enfourchement,** » est appliqué **seul**.

La pièce (B) étant en contre-haut et abaissée sur sa coulisse (voir le tracé teinté), produit l'arrêt du vantail sans le secours d'ergot : en effet, elle ne peut tourner autour de ladite goupille, puisque le point (x), le plus excentré du tenon (e), butte contre le fond (f) de l'enfourchement, et ne peut décrire l'arc (g), ce qui permettrait le rabattement (r) de la tête. Au contraire, la tête étant élevée (voir le pointillé) le point (x) échappe le fond (f) de l'enfourchement, suivant la flèche (g'), et l'arrêt peut être ouvert en rabattant la tête suivant la flèche (r').